LE
RADICALISME EN FRANCE

ET LE

PATRIOTISME RÉPUBLICAIN

PAR

F. BOUBOUNELLE

Directeur-Gérant de l'*Impartial du Cantal.*

PRIX : **30** CENTIMES.

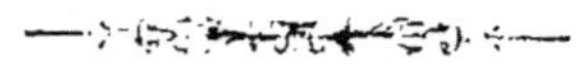

SAINT-FLOUR

Imprimerie de F. BOUBOUNELLE, Place d'Armes.

—

1877

PRÉFACE

—

CHERS LECTEURS,

Au moment où notre pays est prêt à tomber
sous le joug des radicaux qui, sans pitié, le foulent
déjà aux pieds, l'écrasent, le mutilent et cherchent
à détruire la société, la religion et la famille,
nous croyons qu'il est du devoir de tout honnête
homme de protester contre les doctrines subversives qu'ils cherchent à infiltrer dans la nation.

Au moment où, près d'expirer sous leurs coups,
notre belle et noble France, cette patrie des
hautes traditions, si généreuse et si héroïque
dans l'adversité, souffre et demande grâce, ne
sachant comment échapper aux serres de ces
oiseaux de proie d'un nouveau genre, nous de-
vons chercher, en présence du danger gran-
dissant de jour en jour, à dessiller les yeux

des masses qui ont trop longtemps, hélas ! servi d'échelons à ces ambitieux de bas étage pour les faire arriver au faîte des grandeurs, en leur con_fiant des mandats qu'ils sont, pour la plupart, incapables de remplir.

Nous n'ignorons pas, Chers Lecteurs, que notre tâche est lourde et que nous avons besoin de toute votre indulgence pour arriver jusqu'au bout.

Saint-Flour, le 1er mai 1877.

F. BOUBOUNELLE.

LE

RADICALISME EN FRANCE

ET LE

PATRIOTISME RÉPUBLICAIN

I.

Qu'est-ce que la République?

—

La République est, selon nous, le gouvernement de tous par tous.

Elle a, pour la gouverner, un Président, des Ministres, un Sénat et une Chambre des députés. Elle a aussi des ambassadeurs pour la représenter auprès des autres puissances. Ses administrations civiles et militaires sont organisées sur les mêmes bases que sous une Monarchie ou un Empire. En un mot, nous croyons fort qu'en République il n'y a qu'une seule chose de changée : c'est le nom.

On criait beaucoup, sous les gouvernements précédents, contre le pouvoir autoritaire, soit d'un Roi, soit d'un Empereur ; mais aujourd'hui, en y réfléchissant bien, est-ce que le gouvernement actuel, au dire de la Chambre des députés, si n'était le contrepoids si salutaire du Sénat, ne ressemblerait pas à celui d'un Roi? Le titre serait différent, mais voilà tout.

On a voulu faire, en France, *l'essai loyal* de la République ; qu'en est-il résulté pour nous, depuis six ans que nous avons le bonheur de la posséder ? — Rien, si ce n'est que le commerce ne va pas, l'industrie s'arrête et le peuple souffre.

Une République établie sur des bases solides, appuyée sur la nation entière, aurait certainement pu prendre racine en France, tout comme ailleurs ; mais, pour exister sérieusement, elle devrait être sage, modérée ; en un mot, comme l'a si bien dit M. Thiers : « Il faut qu'elle soit conservatrice ou qu'elle ne soit pas. »

Pour établir une République sur ces bases, il faudrait donc de vrais républicains, capables de la gouverner et de la diriger dans cette voie.

En avons-nous ? — C'est ce que nous verrons dans le paragraphe suivant.

II.

Que doivent être les Républicains ?

—

A notre avis, un républicain doit être désintéressé. Voilà, en un seul mot, quel est le portrait d'un vrai, d'un bon républicain.

Il doit être désintéressé, c'est-à-dire qu'il ne doit viser à aucune place, à aucun honneur, ni pour lui, ni pour les siens ; il doit savoir s'oublier lui-même pour ne songer qu'au bien-être général ; il doit se dévouer, sacrifier même ses intérêts les plus chers à ceux du plus grand nombre.

Mais, pour agir ainsi, il faut être doué d'une grande abnégation, de beaucoup de patriotisme, et nos républicains du jour ne connaissent ces vertus que de nom.

Nous allons en juger.

III.

Que sont les Républicains ?

—

Ils sont, Amis Lecteurs, tout l'opposé de ce qu'ils devraient être.

D'abord, pourquoi y a-t-il tant d'hommes qui se disent républicains et qui, au fond, ne le sont pas ? Quel est le seul mobile, quelle est la véritable inspiration qui les a poussés à renier leurs opinions et leurs doctrines ? — **La** réponse est facile et se résume en un seul mot : **l'ambition**.

Ah ! que cette vile passion fait faire de bassesses, commettre de mauvaises actions, et combien elle compte de renégats dans ceux qu'elle domine !

Si on examine froidement et avec impartialité ce qui s'est passé après le quatre septembre, on voit naître, depuis cette date, beaucoup de **répu**blicains de la veille ou même du lendemain et que la République a fait éclore.

En un mot, nous ne voulons pas dire que tous les républicains soient des ambitieux, mais nous pouvons affirmer, sans crainte de nous tromper, que tous les ambitieux sont républicains.

A chaque élection qui se présente, ces hommes sont les chefs de file, les directeurs du scrutin, et, remarque curieuse à noter en passant, ils ne travaillent jamais pour les autres, mais toujours pour leur compte personnel.

Au lieu de se dévouer aux intérêts de tous, ils exigent que les masses se sacrifient pour les leurs. Ils les enjôlent, les endoctrinent, les enrégimentent, en faisant reluire à leurs yeux des mots creux, mais qui sonnent bien à l'oreille : Liberté, égalité, fraternité !

La liberté pour eux — et non pour les autres — de tout dire et de tout faire.

Quant à l'égalité et à la fraternité, pour vous faire comprendre le peu de cas que font de ces deux mots ceux qui s'en servent si bien dans leurs professions de foi électorales, nous vous donnerons un conseil ; le voici :

Vous, artisan, allez dire, le lendemain de son élection, au député que vous aurez nommé la veille : Je suis votre égal et votre frère. — Et vous verrez comment vous serez reçu.

Et maintenant, pourquoi tous ces républicains s'occupent-ils tant d'élections ? — C'est qu'ils veulent arriver, les uns à être conseillers municipaux, conseillers d'arrondissement, conseillers généraux, fonctionnaires de tout genre ; les autres, députés ou sénateurs.

Une fois élus que font-ils ? — Chacun d'eux a

des parents et des amis à mettre en place ; chacun d'eux, pour arriver au pouvoir, a promis
monts et merveilles.

Alors commencent ces grandes hécatombes de
préfets, de sous-préfets, de conseillers de préfec-
ture, etc.

Il n'existe aucun grief contre ces fonctionnaires,
mais ils ont en leur possession des places qui
sont nécessaires pour caser les frères et amis des
patriotes républicains, et leur sacrifice est résolu.

Ils sont révoqués, non pour le bien du pays,
mais pour satisfaire les ambitions républicaines.

Les nouveaux sont, le plus souvent, incapables
de remplir les emplois dont on les a chargés ;
mais qu'importe ? — Ne sont-ils pas avant tout
républicains ?

Le pays en souffrira, c'est possible ; mais *le
désintéressement et le patriotisme républicains* n'y
trouveront pas moins leur avantage.

Nous sommes convaincu, Chers Lecteurs, que
bon nombre d'entre vous, en lisant ce passage,
diront : c'est la vérité.

IV.

Que font les Républicains ?

—

Depuis l'avènement de la République, quel est le travail utile qui est sorti du sein de la Chambre des députés ? — Rien ou à peu près.

Incapables pour la plupart de remplir le mandat que les électeurs leur ont confié, n'ayant aucune connaissance en matière administrative, plaçant les questions de parti au-dessus même de l'intérêt du pays, tel est le tableau que nous présente la deuxième Chambre.

Ils passent le plus clair de leur temps à faire de longs discours qui ne signifient rien, dont pas un ne restera dans l'histoire, et des propositions le plus souvent ridicules ou inapplicables.

Ils sont passés maîtres dans l'art de dévorer les ministères, les renouvelant chaque deux ou trois mois, et espérant, par cette habile tactique, arriver tous, à tour de rôle, à être ministres un jour ou l'autre.

Mais ils sont, en ce qui touche les questions

sérieuses, d'une incompétence palpable et qui perce à chaque séance.

En effet, tout récemment encore et pour ne citer qu'un exemple, n'a-t-on pas vu la Commission sur les chemins de fer, composée de vingt-deux membres, ne pouvoir s'entendre et sérieusement conclure sur cette importante question et n'aboutir qu'à prouver au grand jour son impuissance. A telle enseigne que les journaux même républicains ont été obligés d'en convenir. Voici à ce sujet comment la *Liberté* du 11 mars dernier terminait sa juste appréciation :

« Comme on le voit, le parti républicain, en
« repoussant l'adjonction des capacités, des hom-
« mes d'affaires, sous prétexte qu'ils ont été com-
« promis au service des gouvernements anté-
« rieurs, en est arrivé à donner au pays le spec-
« tacle affligeant de son impuissance. »

Il faut cependant reconnaître que, s'ils sont impuissants à rien faire de bon, en revanche leurs idées révolutionnaires ne leur inspirent guère que des propositions contraires à tous les vrais principes. Jugez-en plutôt :

La séparation de l'Eglise et de l'Etat.

Le mariage des prêtres.

Le divorce.

Les enterrements civils.

L'amnistie pleine et entière.

L'amnistie sans distinction des crimes avec les délits politiques ; c'est-à dire le retour même des voleurs et des assassins des ôtages qui sont en assez grand nombre parmi les détenus de Nouméa. En un mot, ce serait l'armée du radicalisme qui reviendrait envahir la capitale de la France, prête à marcher au premier signal des intransigeants de toute façon ; ce serait une nouvelle insurrection de la Commune en permanence.

Ah ! certes, nous ne sommes pas ennemi du droit de grâce, même opéré sur une vaste échelle. Qu'on ait pitié de ces malheureux égarés par les doctrines subversives des Rochefort, des Félix Pyat et Compagnie ; qu'on les rende à leurs familles ces pères, ces époux, ces frères qui regrettent aujourd'hui de s'être laissés entraîner dans les rangs de la Commune.

Mais qu'on garde dans la Nouvelle-Calédonie ces voleurs échappés des prisons de Paris, ces misérables qui n'ont ni feu ni lieu et ne rêvent que meurtres, incendies, pillages ; en un mot, ce rebut de la société toujours prêt à se ruer contre elle pour la dévorer.

Que penser des propositions demandant la séparation de l'Eglise et de l'Etat et le mariage des prêtres, sinon que leur seul but est de porter atteinte à la Religion et de chercher à la détruire?

Que deviendrait-elle, en effet, si les Chambres adoptaient les utopies de ces libres-penseurs? Et sans la Religion que deviendrions-nous? Elle seule nous soutient dans nos peines, dans nos souffrances, dans nos défaillances de chaque jour. Où trouver ailleurs de durables consolations et surtout de véritables espérances?

Non, quoi qu'en disent les Naquet, les Raspail et autres disciples de Voltaire et de Jean-Jacques Rousssau, nous ne pouvons vivre sans elle, et il est nécessaire qu'un Etat ait, po·r bien se gouverner, deux forces : la Religion et le Pouvoir.

Que deviendrait la société sans Religion ?

Que deviendrait la famille avec le divorce ?

Toutes deux, sapées dans leurs bases, n'existeraient bientôt plus.

Ah ! Chers Lecteurs, on ne peut sans frémir

penser à cet état de choses, et il est temps que nous nous arrêtions sur la pente qui nous mène aux abîmes où les radicaux voudraient nous voir tomber.

Quant aux enterrements civils, croyez-vous que, parce qu'il plaira à quelques hommes de se faire enfouir comme des brutes, nous devions suivre leur funeste exemple? — Oh ! non; laissons à ces malheureux, qui s'intitulent pompeusement libres-penseurs, la responsabilité de leurs actes et gardons pour nous notre foi et nos croyances.

Et maintenant, pensez-vous que la France ne serait pas en danger si elle venait, par malheur, à tomber entre les mains de ceux qui sont capables de faire de telles propositions ?

Mais peu leur importe que la société, la religion, la famille, la patrie soient submergées sous les flots du radicalisme qui monte? — C'est bien là, au contraire, ce qu'ils attendent avec impatience. C'est bien là ce qu'ils visent et c'est bien là qu'ils nous entraînent malheureusement et fatalement. Ils n'ont qu'un but : se trouver à la curée.

En somme, pour eux plus de religion, plus de famille, plus de société, plus de propriété, tout en commun, ou plutôt tout aux plus audacieux, rien aux autres ; tel est le spectacle que nous aurions sous les yeux si la France avait le malheur de se laisser entraîner dans ce dangereux courant.

Et voilà cependant les hommes que l'on a le courage de choisir pour représentants !

Ah ! c'est le cas ou jamais de dire ici, avec Mgr Dupanloup : Où allons-nous ? où allons-nous ?

V.

Que se passe-t-il en République ?

—

Il se passe ce qui ne s'est jamais vu, ni en ce pays de France, ni ailleurs.

Il y a un parti qui est au pouvoir, qui est le gouvernement : c'est le parti républicain. Ne nous occupons pas de ses origines : ne cherchons pas à savoir, en ce moment, s'il est vrai de dire qu'il est, au moins en partie, né dans l'émeute et que les Prussiens lui ont servi de parrains.

Il est au pouvoir, voilà le fait ; il y est légalement, en vertu de la Constitution, que tout le monde doit accepter et accepte comme la suprême loi politique d'aujourd'hui, jusqu'à la révision. Or, que font, à l'heure présente, les hommes du parti républicain ?

Ils ont l'air de ne pas savoir qu'ils sont le gouvernement, ils paraissent chercher à le devenir, et ils font dans ce but de la propagande, ou plutôt de l'agitation.

Républicains de toutes les nuances de l'arc-en-ciel rouge, ils ne font pas, Dieu merci, mystère de leurs combinaisons.

Se réunir, se concerter, relier en faisceaux les efforts de tous leurs journaux, provoquer la convocation des députés, membres des bureaux de chaque groupe de la gauche, faire appel aux frères et amis, ne rien négliger en un mot pour organiser la propagande républicaine dans les départements, pour imprimer leur direction politique aux élections imminentes à tous les degrés, même aux élections municipales, finalement agiter le pays, voilà leurs moyens et leur but.

Comme les électeurs se trompent, s'ils se figurent que leurs mandataires sont uniquement et exclusivement occupés des travaux législatifs !

Pour y voir clair, ils n'ont qu'à se demander ce

qu'a fait de sérieux la deuxième Chambre, depuis qu'elle doit sa majorité républicaine aux fameuses élections du 20 février 1876.

La propagande politique radicale, à peu de chose près, n'est-ce pas là tout son travail ?

VI.

Où cela nous conduira-t-il ?

—

Cela nous mène doucement, insensiblement à la misère, à la ruine, à l'annihilation de notre pays.

La misère arrive graduellement de jour en jour et se fait déjà passablement sentir dans nos grands centres industriels et commerciaux.

A Lyon, des milliers d'ouvriers tisserands et teinturiers sont sans travail, demandant au gouvernement de leur venir en aide. Les faillites se déclarent. Les commandes de l'étranger ont été retirées.

Tours, qui s'occupe aussi de la soierie, demande, de son côté, un secours de cent mille francs.

Marseille, cette cité jadis si florissante et si prospère, n'est pas non plus à l'abri des atteintes de la misère. Ses industries des huiles et des savons se sont beaucoup ralenties, et pareil chômage laisse bon nombre de familles sans travail et partant sans moyens d'existence.

Mais, inutile de citer toutes les localités où le ralentissement du commerce a fait pénétrer la gêne et le besoin : l'énumération en serait trop longue. Bornons-nous donc à dire que le malaise est général et se répand peu à peu des grands centres industriels et commerciaux jusque dans les plus petits endroits où l'on n'entend répéter que ces mots : le commerce ne va pas.

VII.

Pourquoi le commerce ne va pas?

—

La réponse est simple et bien facile : Le commerce ne va pas, parce qu'il n'y a pas de confiance dans le gouvernement actuel ; parce qu'on se voit dans le provisoire ; parce qu'on se sent entraîner vers l'abîme ouvert sous nos pas par les agents du radicalisme ; en un mot, parce qu'on a peur de l'avenir.

Et comment en serait-il autrement en voyant le Maréchal-Président en butte à l'envahissement des partis républicains de toutes les nuances. Il a vu les ministres, choisis parmi ses amis, submergés tour à tour dans le tourbillon politique et forcés de lâcher la barre du gouvernail parlementaire. Lui-même aujourd'hui ne semble-t-il pas acculé dans une impasse d'où il est difficile de sortir ?

Et vous voulez que la confiance puisse renaître dans de pareilles conditions ? — Non, ce n'est pas possible.

Elle ne renaîtra que le jour où cette Assemblée aura fait place à une autre, plus sage, plus modérée, qui, au lieu de convoiter le pouvoir en se tiraillant, cherchera à concilier tous les partis, à rallier autour du même drapeau tous les hommes de bonne volonté pour ne s'occuper que d'une chose : l'intérêt général du pays ; pour n'arriver qu'à un seul but : le bien du peuple.

Oh ! alors, l'industrie et le commerce reprendront leur essor ; les capitaux, qui aujourd'hui leur font défaut, ne manqueront pas de leur venir en aide, et la prospérité de la France ne fera que s'accroître.

Puisque nous avons parlé de l'effacement de notre patrie, il est bon de justifier ici cette pensée qui nous a frappé depuis bien longtemps, et d'ajouter qu'il est la conséquence des divisions intestines des partis.

Non, la France n'occupe pas en Europe le rang qu'elle avait autrefois. Il y a quelques années, aucune question touchant à l'équilibre continental n'aurait été tranchée sans son puissant concours, et, en pareille occasion, elle aurait joué le premier rôle.

Aujourd'hui, il n'en est pas ainsi. A propos de la question d'Orient, son action a été loin d'être prépondérante et c'est à peine si elle a joué un rôle secondaire.

A quoi cela tient-il ? — A ce que les puissances européennes n'ignorent pas que la France a chez elle un ennemi puissant, dont les efforts tendent à ruiner les principes sociaux et politiques qui forment la base indispensable de tout gouvernement durable, un adversaire implacable qui cherche à se fortifier de plus en plus, et qui, si elle n'y prend garde, finira par la terrasser.

Cet ennemi, c'est le radicalisme.

VIII.

Conclusion.

—

Elle sera courte. — Quel est le moyen d'échapper à la démoralisation qui nous enveloppe de toutes parts ; de sortir de la boue où nous sommes tombés ; de nous réhabiliter aux yeux de l'Europe et aux nôtres ? Selon nous, le voici :

Conservateurs de toutes les nuances, vous à qui s'adresse cette modeste brochure, n'ayant d'autre mérite que celui d'être l'expression sincère de la conviction qui nous anime, laissez-nous vous crier en finissant : Alerte ! alerte ! il n'est plus temps de dormir. Le moment est venu où il faut se rallier sous un même drapeau ; l'heure a sonné où libéraux à opinions modérées, orléanistes, légitimistes et bonapartistes ne doivent plus former qu'une seule phalange, et, aux jours d'élections, voter comme un seul homme contre l'ennemi commun : le radicalisme.

Plus de divisions, plus de défaillances, plus d'abstentions, et avant peu la France sortira de ses misères, se relèvera de ses ruines, et ne tardera pas à redevenir cette belle et grande nation que nous avons connue honorée et respectée de tous.

Saint-Flour, 1er mai 18..

F. BOUBOUNELLE.

www.ingramcontent.com/pod-product-compliance
Lightning Source LLC
Chambersburg PA
CBHW051417060726

47596CB00005B/2260